ANTÍDOTOS
Para Que Te Tornes Cada Vez Mais Humano

Felipe Kummer

ANTÍDOTOS
Para Que Te Tornes Cada Vez Mais Humano

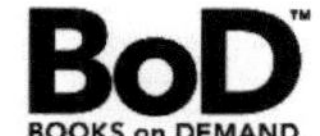

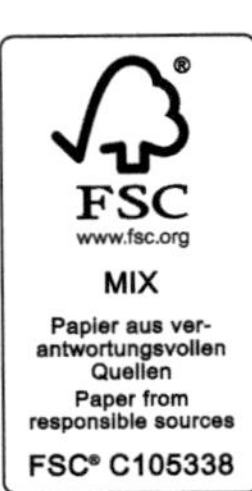

Informação bibliográfica na Biblioteca Nacional da Alemanha
A Biblioteca Nacional Alemã lista a publicação em seus dados bibliográficos.
Disponível na Internet através do site http://dnb.dnb.de.

www.kummer.wix.com/kummer
@felipedisse
#MoverUmMundo
#MaisHumano

Para contatar o autor, você pode escrever para
felipe_kummer@hotmail.com

Design, Diagramação, Fotografia: Felipe Kummer
Revisão, Edição: Claudius Kummer, Felipe Kummer

Produção & Publicação Internacional
BoD – Books on Demand, Nordersted

ISBN: 978-3-7460-6671-4

*Para Seres Empoeirados, Muitas Vezes Molhados,
Quase Sempre Imortais*

Apenas volte se tiver pouco tempo...

Narrar em linguagem as percepções sutis de muitas escolas, despertou em mim a vontade de criar em formato de papel, um compêndio de trechos e passagens místicas que podem ser lidos em meio as distorções da alma ou ainda por azar se tiveres pouco tempo, ler para que possas voltar sempre.

Comecei a escrever este livro dentro de um curto espaço de tempo, nos dias do homem dos meus trinta e três anos. Minha jornada impulsionada pelo chamado do existir, sente a necessidade de apresentar um trabalho imaginativo que corrobore em produzir um diálogo de estímulos com o indivíduo, capaz de incentivar a consciência que ultrapasse os limites da normalidade, uma linha curva que visualize uma linguagem de enredos que frequentemente não estamos observando.

A simplicidade destes versos é o resultado na expressão da consciência que transforma e que não pode ser impedida com um só golpe. Semelhante ao papel do médico que ao redor do mundo requer uma compreensão geral que demonstre benevolência, esses antídotos penetram contra a ameaça da morte vista como uma ruína enamorada. São manifestos contra a demência causada pelo sofrimento insano em um mundo marcado por uma mudança constante e rápida através do progresso. São a favor do movimento da naturalidade, e principalmente, na conversão da vida mundana em um lugar melhor de nascimento e percepção de sua inquietude, daquilo que tornamos cada vez mais asseado, assim é este livreto para o ser humano, com qualidades de torna-lo cada vez mais humano e que possa perdurar no tempo.

O clima poético, às vezes inspirador, vezes forasteiro, é apropriado pois lembra o Alquimista, que é o melhor Médico e também um Filósofo, ocupo-me em trabalhar de maneira intencional pois nada está inteiramente tapado. O que parece oculto, não permanece selado como um todo. São relatos eremíticos de uma trama que contém muitos diálogos e que podem ser ouvidos e estão na solidão, pois eles te contém.

Ao olhar em volta e deleitado em contemplação, dedico este ensaio aos segundos que pertencem a vida onde habita o ardor da saúde consciencial. É um exorcismo contrário as flagelações da abstenção, longe da queda e da culpa, do rígido ascetismo muito praticado por quem busca iluminação em jejuns intermitentes.

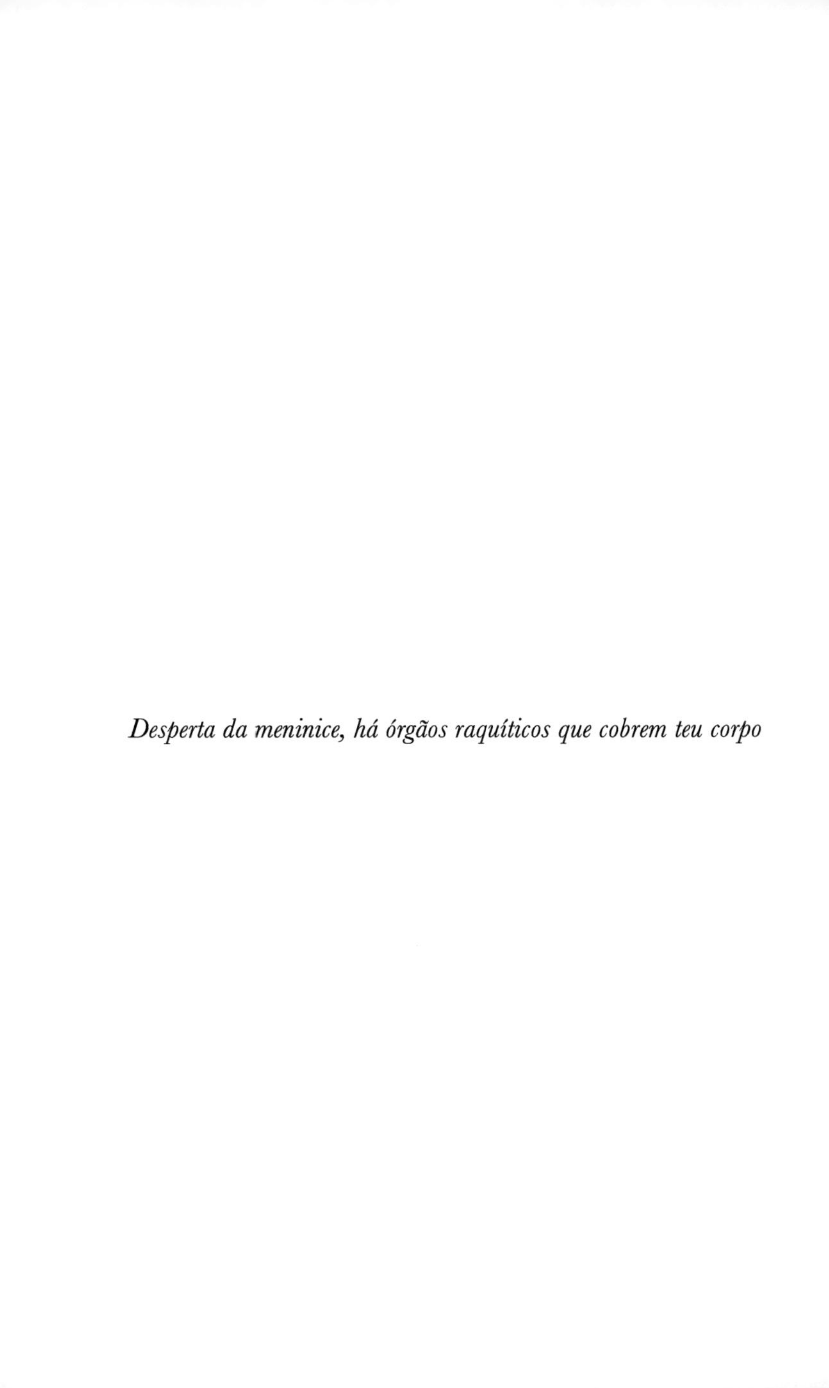

Desperta da meninice, há órgãos raquíticos que cobrem teu corpo

Aqui tens os Antídotos. Eles não seguem uma lógica casual, pois escorrem por dentro. Expressam e livram, fusiona a realidade da consciência de quem o abraça.

O gênio encontra a cura, mas é no gênio que há abandono, pois nele também há o veneno.

Romper neste mundo, cicatrizar neste mundo, evocar contra os malefícios, ó doce vida, toma destes antídotos conjurados, pois neles estão contidos assombrações.

Se há erros, nada está na direção errada, ainda que viventes nas distrações, entre o aumento tecnológico, privados de uma visão do ânimo, deixe-me falar sobre a coisa doce que vem de dentro, que reconhece a coragem revolucionária que tira a desordem mental em um só golpe. Na citação do contador de histórias Joseph Campbell um clarão acontece:

A jornada sempre começa com um chamado. Olhe, você está em uma terra sonolenta. Acorde! É hora de viajarmos. Há um aspecto completo de sua consciência, do seu ser, que nunca foi realmente tocado".

Muitas formas da psique guardam em si as dinâmicas de princípios e mistérios de toda uma geração de homens. Homens que sonham pela paz, como piscinas de chuva felizes, pois imenso são os desejos envoltos em muitas palavras.

Para o antigo lugar de sua alma este iniciado na prática, não crê no seu fim, pois há delicadeza. Resiste a divisa, descobre ser coberto e em simetria muda todas as coisas. Fora os velhos panos, os tantos danos, aqueles farrapos de um brilhantismo muito arcaico e que ganhou muitos nomes. Seis são as asas da felicidade, pois caminha o andarilho que não quer mais se esconder na escuridão da terra. Nas horas do campo reconhece a fisionomia de sua civilidade, a familiar gesticulação do meio que fora criado. Personifica a biografia e maravilhasse, pois, há um existir, se sozinho é voluntário, experimenta o antídoto que produz o elixir, pois fora seduzido.

Merecedor, sua sensualidade abrilhanta as luzes do espetáculo, é incapaz de permanecer morto. Ó homem! Bebe desta solução caseira e aceita seus efeitos, e mesmo machucados que coagulem. Atravessa o que é enganador, este bebedouro chamado insatisfação.

Saudemos os antídotos esquecidos em fundos e frascos rompidos, transviados dos bons costumes, golpeia a espinha dorsal com teus gostos, põe em prática a perversão que o fará ver além do esqueleto psíquico de sua consanguinidade.

Ergue-te ó Corpo! Este rei que cresce organizado para repor-se no princípio do caos, chora, goza e desabrocha aquele homem do futuro, que é ele mesmo. Mais de uma vez tocarás o oceano desconhecido e íntimo da consciência, e muitas vezes abrirás o fruto que arrebenta as fronteiras suplantadas em nome da tradição e da doutrina. Um incêndio florestal deve acontecer, pois, despertastes a natureza indefinida que tomou o sal da tribo e percebe que é neste mundo que necessitas ser cada vez mais humano. Viva o sem prontidão, que aprendeu a falar, que nasceu de tempos alargados. Chega-lhe alguns antídotos, legado que inflamará sua pele! Fere-se os sentidos!

Não é difícil vergar este homem sedento por antídotos. Deseja tantas coisas e do que tão pouco precisa, ele precisa. Imperfeitas são suas perfeições, pois diversos são os caminhos das escamas. Limites que se desprendem da epiderme, uma inquietude hermética de Crise e Criação, barulho acima de nossas cabeças, que agita a química para quem tem olhos para frente.

Ao sonho-cerebral de muitas lembranças encontra-se o labirinto da alma moderna. Busca sedenta o mago que rasgue a membrana do mundo conquistado. Se sois fisicamente novos, há dias que sois psicologicamente encenados. Um motim, a forma do você, aterrorizados pelo ontem, adornados de princípios e enjeitados, palavras, manias e achados, são o mar violento das narrativas, são polêmicas sintetizadas de uma redação articulada, gerenciado por um "modus vivendis" que parece não cansar e quase nunca desvelado.

Um piscar de sim, é este homem que carrega o seixo filosofal no salão de espelhos. Se de sangue fresco é livre, não esquecei da opinião que se opõe à outra, dos homens de mãos ocultas, recortes e obstáculos deste mundo. Não esquecei dos antídotos em homens felizes, saudáveis e realizados. Há lâminas benéficas enroladas em panos de chita.

Deixa queimar pois há viventes na grande proa. Não esquecei dos muitos que seguem a jornada com rostos perolados e que não buscam nada. Há um núcleo tempestivo, o aparecimento de uma humanidade duplicada, nela há um tronco de homens contrários a restauração da mente jovem e critica, são aprendizes com elixir vulneráveis. Ó humanidade censurada, culpada por clandestinidade. Conheceis a imparidade e libera-te da ruína!

Vê com afeição o frágil, o reto, o localizado, o títere sem inspiração, pois ele tem mando e não age. Convida-o a beber deste antídoto que não é falso, senão a conversão de muitas negações de um veneno desvendado. Sua cura não é a cura, seus movimentos são apenas o estreio. Emerges da humanidade duplicada que anulou e partiu para a vida sem sentido e mortífera.

Exercita de pouco em pouco, consagra e excita o desaparecimento do tumor pois resolvestes mudar de conduta. Contraveneno, oito letras que enxerga e observa, extingue e inclui, abole um brado e um grito. Mais anômalo cresces, mais eficazes são a vida destes antídotos.

Para que veja o mundo dos antídotos não necessitarás de métodos e nem méritos, pois nele inclui o que é fora do pessoal. Ingere desta panaceia universal, solta a língua dos limites, ver a consciência dentro da linguagem comum e menos extraordinária.

Marque estas palavras, essa repugnância, essa crueldade deixa cessar em simetria, vivente se não fores capaz de ver o ângulo certo da provocação, estejas atento, desprende os sentidos e desperta! Na dúvida questione-o e trate-o com um nome.

Lembra-te de sentir, lembra-te de pensar e ainda no nascimento aonde a voz do pequeno transformasse neste grânulo ativo para que vejas, habita o que pode ser visto e tocado.

Aqui estão os Antídotos: *tomemos juntos, na extremidade dos bancos, de um só gole. Lembra-te da fenda que pisastes, lá estão teus próprios antídotos.*

A porção que bebes é a porção que eres

e os encantos foram exauridos

por uma força mais jovem

e vestido de tradição

dormiu

havia que despir-se para si mesmo

não olhais para trás

a criança que se afoga também

cria asas e voa

e gozei no abstrato

para encontrar a liberdade

curei ao estimular

era o próprio corpo

necessitava curar

questione a melancolia

pois há um cadáver

desapercebido de cuidado

questione

quem vos consola

pois há resíduos

em memoriais no luto

ao questionar o que vias

por fim verás vida

há entulhos

em uma morte mal representada

homem e mulher

agarra-te ao falo que anula teu sofrimento

retorna à tua anatomia

retorna à tua anatomia

retorna à tua anatomia

retorna à tua autonomia

fúnebre é a consciência

sem força e vivacidade

adulto quero te dizer:

a terra seja teus sapatos

toma coragem e liberta-te da tribo

criança escuta-me:

arranha na superfície, cuida-me com valentia

troveja sexualidade

troveja dualidade

troveja irmandade

troveja igualdade

repreendida é a voz que domestica

há ruído nesta trovada

derrete o zinco cinza da tua alma

e desperta o luminar de possibilidades

do íntimo reconhecerás

há metades rejeitadas

desarma, desarma, desarma

a possessão por coisas efêmeras

roma

devolves

o amor

possuído

da humanidade

embora foram os deuses

resta ao homem a criar porções em frascos

de mentiras

você trata-me bem

pois reconheço que sou vítima

seiscentos e sessenta e seis sacrificados

as vezes que mordi

meus lábios pensando em ti

oh pôr do sol que não dorme

tu que ofusca na outra margem

ardor que revela a libido nunca impedida

se fostes pelo menos uma vez vítima,

entenderias

o mundo necessita de filos

filos de cavalos e de sofias

pan pan pan

arquétipo dos sensíveis

a linguagem do medo

era o veneno para que não conheças o todo

há panaceias e há pancadas

todas se resolvem em um só golpe

a beleza golpeia com asas

engole a gota ocular

e alimenta a alma que nasceu cega

salva do parapeito

aquele pássaro azul de asas cortadas

nele existe poder

poder de voar juntos no mundo dos vivos

há anticorpos
que sonham acordados
com corpos que os libertem

o frescor do príncipe do caos

liberou-me das amarras

havia dois príncipes cansados

você sonhador

existem muitos nomes que curam

mas escutas apenas o sino solitário

quantas vezes forjou-se constelações

em nome daquela estrela

quantas vezes por descuido

bilhões de sóis viram este brilhar

e reconhecido

não me tornei nada

e no nada

é onde tudo começa

inverti o símbolo do meu templo de pedra
recuperei-me
pois sou orgânico

santo amor não é santo
não há o ímpar que respira a teus custos
santo amor não é puro
pois é um deus dourado que se forja

se inflama o pulso e incendeia a química
te amam na imaginação
viva a visão periférica

proclama ser rei por um dia
libera o santo amor
que chamas de separado
há vida na flama
há vida na tumba
a tumba que arde
tecidos musculares

nas últimas horas dos meus 33

encontrei o antídoto para os 33

ecoa timbres e dai graças pois escuta-os

há gente que sova

sova sem voz na graça da longa jornada

ergue-te!

eres o corpo!

o alimento

seres nascidos da brutalidade do mundo

estão invadidos e tem seus espíritos

substituídos

e brunirá o amanhã

há parasitas

parasitas não canalizados

os não direcionados

os não reduzidos

os não enfraquecidos

os indivíduos além da cultura coletiva

no mais diurno daquele ser

havia lucidez

longe uma sonata do atlântico

alimenta a meninice da alma

ventos do mundo

o véu do espírito anunciado

voou o pássaro enclausurado

no mais obscuro daquele ser

havia lucidez

pulveriza

a doce ilusão do amor longínquo

partirei

sei que vós escolhestes o tempo dos vegetais

abre a boca sedenta

eu sou o rei que despertará

o mel esquecido de tuas entranhas

e quando quebrou o espelho

viu que nenhum mal lhe causara

suspira da ilusão da alma

era a mente que andava apenas estilhaçada

o eu invisível

alimenta-se de um sonho para despertar

um eu digital

macaqueia fantasias

em ser juntos um e no mesmo lugar

para que tua mente

tome deste contraveneno

descansa teus olhos
.
no segundo em que te perdestes

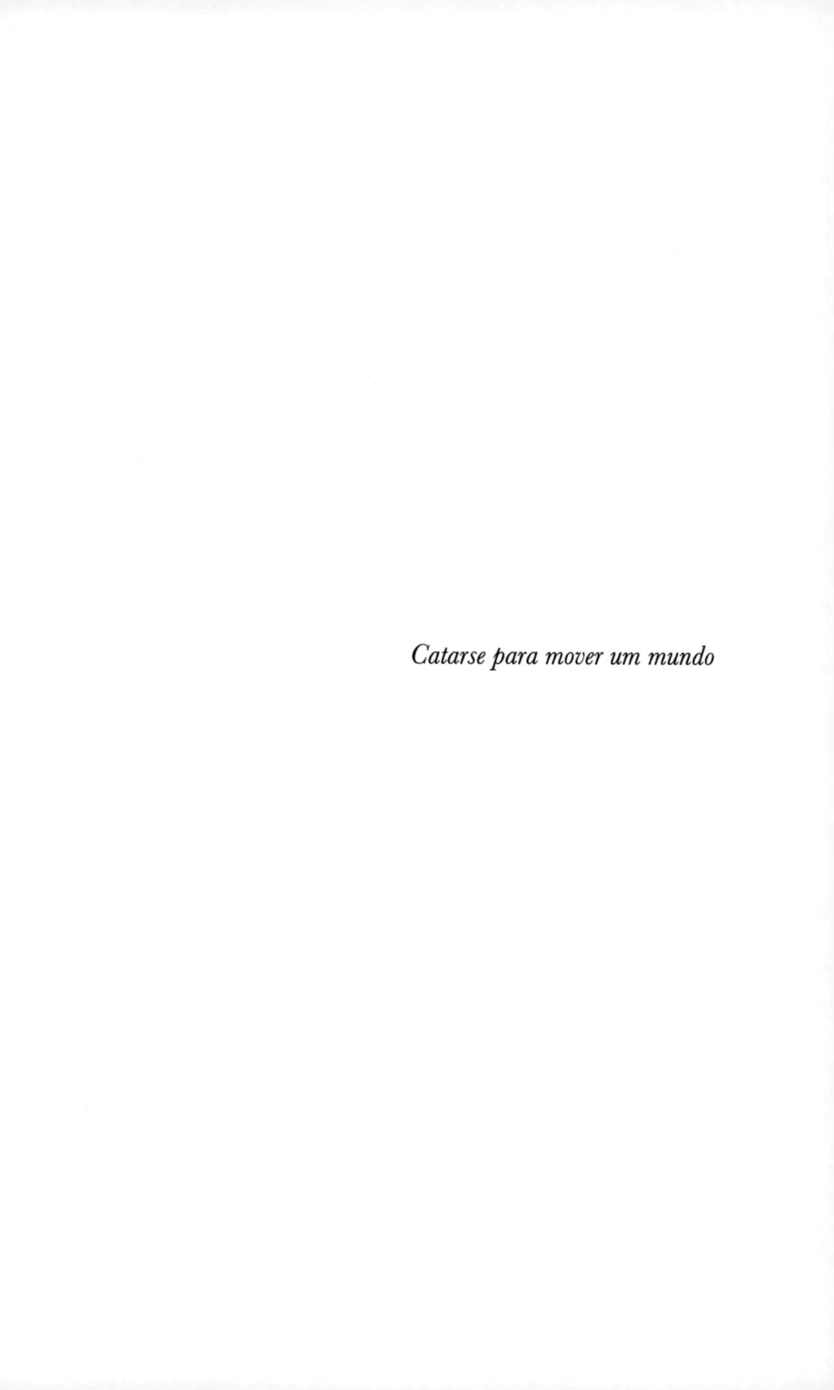

Catarse para mover um mundo

No ponto mais alto do vilarejo um corpo ereto de pedra reinava chumbado. Na viga de metal um espectro magnético emitia de seu centro um zumbido capaz de elevar o ritmo do batimento cardíaco dos habitantes na redoma do vale. A conjuntura de uma centena de casas e edifícios descoloridos, lar de todo tipo de gente, ganhava cor quando os gritos ativos de energia humana de nativos de olhos amendoados ofereciam bandejarias de iguarias de mariscos e grãos.

Um brilho espelhado que de longe perturbava a córnea dos mais sensíveis, convidava-os a desbravar a muralha que existia na localidade. Por cima da imensidão daquele pátio, seguiam destemidos até as profundezas da carcomida torre de marfim.

Aquele indivíduo, engolido rapidamente por um teatro religioso que há quase cem décadas havia sido difundido no vilarejo, contava uma estória mirabolante em boca-miúda: que o corolário nas entranhas da pedreira destilava um fluido milagroso capaz de abençoar com felicidade e riqueza a vida dos nativos.

Seus corpos crentes e cheios de artefatos golfavam o que podiam naquela imensidão chamada esperança.

Como o inseto cujas antenas são mais longas que seu corpo delgado, estes crédulos donos apenas de seus esqueletos, saqueavam desesperadamente o alto da torre.

Assim eram as primeiras horas do dia. Enquanto o mito do povo apreciava valentia, no epicentro da pedra britada seus heróis perdiam o suspiro, pois encontraram o fim na aurora.

Naquele último abrigo onde o sujeito prosaico buscou esperança e encontrou tragédia, reina escondido um ruído surdo e contínuo que palpita os muitos corações. Sua classe professa a universalidade e com maestria vive entre a maioria. Contingentes com um doce veneno, uma nata, são capazes de produzir um sono artificial, pois seu nome contém um pictograma romano: *Pontifex Maximus*, da grande ordem dos himenópteros, vespas que selam os sentidos e com delicada receita de imagens somente comparável a natureza do semipermeável amor das abelhas.

Es aqui os Antídotos: *na haste por um pedúnculo, muitas vezes odorantes, cuja antera contém os sacos de pólen do mundo, cujo ovário produz uma semente, há na pedra chumbada uma flor macadame. Se cair por terra a cinética do cavaleiro de bronze, surgirá os dentes pontiagudos do cinismo, e devolverá ao torso vestido de branco o que era próprio de sua espécie. Pontineu estás manco e nu! Estejas pronto para perder esta túnica militar que engana a humanidade, pois sois apenas mais um homem esculpido sem braços, sem pernas e sem cabeça.*

Aos viventes, para que tornem-se cada vez mais humanos, deixando crescer a flor entre os povos do mundo, deixando sorrir o espírito que rejeita a versão de seus detratores e espalhem-se com olhos menos assustados.

Uma dose contra a paralisia, contra a miséria, contra o símbolo que carregas no pescoço, pois não eres tu. Serpenteia com intensidade por uma redoma de humanos e não de opressores. Há outros através dos outros, há muitos transformados, pois somos universais na terra, canta o paraíso desta flor macadame.

Nas fronteiras invisíveis dos viventes, a jornada da grande pressa revela um clã de bits que surgiu entre folguedos, animais e amigos imaginários. Caiu a cultura e a psicologia de nossos patrícios, chega a onda de andarilhos curiosos, personalidades eletrônicas, prontos a serem o supedâneo, os filhos que carregam um neo-umbigo e balançam um ritmo diferente, o novo passo mental de uma outra e desconhecida fresca criatura.

Sopra a mão fechada de uma alma com uma roupagem exótica, que conduz para todos os lados seu pequeno pedaço de pão, degustado por muitas crianças. Despontados de um tempo onde o imemorial reina, a complexidade dos "facies" digitais assumem com força transparente o pátio que era invisível da mente. O ambiente da meninice submisso a uma hipermídia, fez questão de esquecer seus corpos reais, transformando-os em polígonos, o anúncio de muitas vidas e vias, uma maré vaga de tragédias e manias, polidos por um brilho de neo-homem, a ideia que pari sozinha, ele o electro-homem.

Imagens e sons são a expressão linguística que habita este ser forjado em uma superfície plana. Quase ouro, quase luz, lembra aquele brilho espesso da resina do âmbar amarelo, mas derrama menos, com menor intensidade pois não são mais os fósseis das coníferas. Era um mundo e tornou-se outro, na melhoria de sua elegância e esbelteza, uma beleza polida e sem negatividade oferece apenas um desconforto na passagem de pássaros selvagens, a criança bit criou um pombal propositalmente construído.

Eis aqui os Antídotos: *nas fronteiras visíveis dos viventes, é cada vez mais claro o rápido fim que há no clã de bits. Se há mentes alegres que regozijam do prazer além dos sentidos, convide-os a tomar convosco, a morrer como uma estrela cadente. Se os cheiros estão cobertos de niqueis, suaviza com a fragrância do mundo real para que sempre possa voltar a uma época anterior ao seu surgimento. Se o prateado ofusca até longe, mostre-os como ver o céu estrelado. Se não querem ser esquecidos, ensina-os a passar do mundo cruel e lúdico para um mundo selvagem e natural. Se o vento de suas entranhas parece ter sido banido, toca o fogo na casa do barro vidrado. Se a alma que é agora arquitetada e evita a morte na contemporaneidade, mostra-os o que há no falso dentro do falso. Há corpos dentro de um fenômeno, há corpos dentro de um simulismo. Há meios para ser mais humano, há o bucólico e há o poético, e se o fim do clã de bits já é tão visível, abraço-o com ternura, pois de muito semelhante, na ilustração do cérebro que vive em um cubo, desfigurarão.*

Certa vez um jovem andarilho passeando ao acaso entre as campinas verdejantes de um vale, deparou-se com uma grota sombria que o levava em direção a parte mais íntima de uma floresta escura. Esgotado e sedento pelas horas de romagem, deparou-se com uma poça d´agua que beirava os limites de um grande rio. Bebeu da pureza vinda da cavidade da terra e com surpresa pegou-se admirado quando seus olhos viu um reflexo no carril de água que descia dos montes. E no botão raso admirou a planura perfeita. Delineava seu rosto como se nunca o houvesse considerado, sua expressão encantadora, um brilho embaciado, vivia nesta lembrança por tornar-se acostumado.

Es aqui os Antídotos: *ao pousar o outro que também saciará sua sede, ver o semblante endiabrado. Ao tagarelar bazofiando, ver primeiramente o mergulho e a estranheza da precipitada criatura. Se o céu fechou e por cima das copas uma chuva torrencial inspirar terror, enxuga o terreno caudaloso que estremeça em simbiose eufórica com o outro. Se vires apenas um corpo apodrecendo e o cachorro melancólico da alma estiver pisoteado, queima a desordem na tirania. Tudo aquilo era o que estava reprimido, reprimindo-o de ver o que ele era. Se a poça traz à tona um surto de violência incontrolável, afasta-te e observa o outro de longe, pois para domesticar o ego particular, atravessarás o homem sério e culto, investigarás o uso de máscaras que se separa e está fora de ordem. Vê ó andarilho, na percepção, na invasão, no pasmo do que não te espera, todo teu estado de admiração.*

Se *no vilarejo da chuva viver um colibri, vê colibri-homem de cores brilhantes que dura pouco mas dura para que fique.*

Se no campo impregnado de água houver uma plantação de laranjeiras, cobre com tua leveza o brutamontes submisso que vive na doçura rústica do mundo, nele está uma bebida suave com aroma cítrico admirados por muitos pássaros.

Se no vilarejo a chuva molhar um colibri, junta-lhe aos pardais que inflamam ninhos e ninhadas. O piscar de olhos embute asas velozes, as pálpebras ascendem um eterno retorno da humanidade.

Se com os dois olhos, puderes ver o vilarejo onde habita o colibri refugiado e por vezes molhado, desata o nó em suas asas sedosas. Se o veneno contra a monotonia é alçar voo, que sejas feliz em um leque de cores. Bate ó colibri tua plumagem, entrega-te a um vendaval de vidas e almas.

O oposto do veneno, não é obsoleto

Seres tu as muitas doses contra a paralisia

fome extraordinária nasce e chora

sede extraordinária bebe e sangra

vida alimenta-se de vida

vida sangra

vida bebe

extraordinária fome

que nasce, chora e tem sede de vida

antídotos perdidos

iluminam o céu

céu iluminado

antídoto para perdidos

há uma criança mestre

que sabe que é mestre

mestre!

tu sabes

há crianças mestres

amantes foram amigos

na crise

há o potencial

levado consigo

amantes são amigos

na crise

deixam consigo

o potencial de serem amados

observa-te no outro lado do rio

há você no futuro apreciando os cursos

apreciando penetrabilidade

apreciando intimidade

curso abundante

sexual ao sensual

aprendes a apreciar rios

canta, canta, canta por amor a ti

em ti

há amor

canta, canta, pois eu canto

contra o mundo

vesti na ausência de dar

uma carapaça firme

e cobri minha fragilidade

ó fragilidade minha

cobri firme as dores do mundo

pois vestia uma carapaça

e queria apenas doação

adultos emoldurados

um ornato

um infante em continuísmo

quer ser surpreendido

surpreende

há um infante emoldurado

e há um ornato de admiradores

há

cura

para os problemas

inclusão

inclusão

para os dilemas

e problemas

são a cura

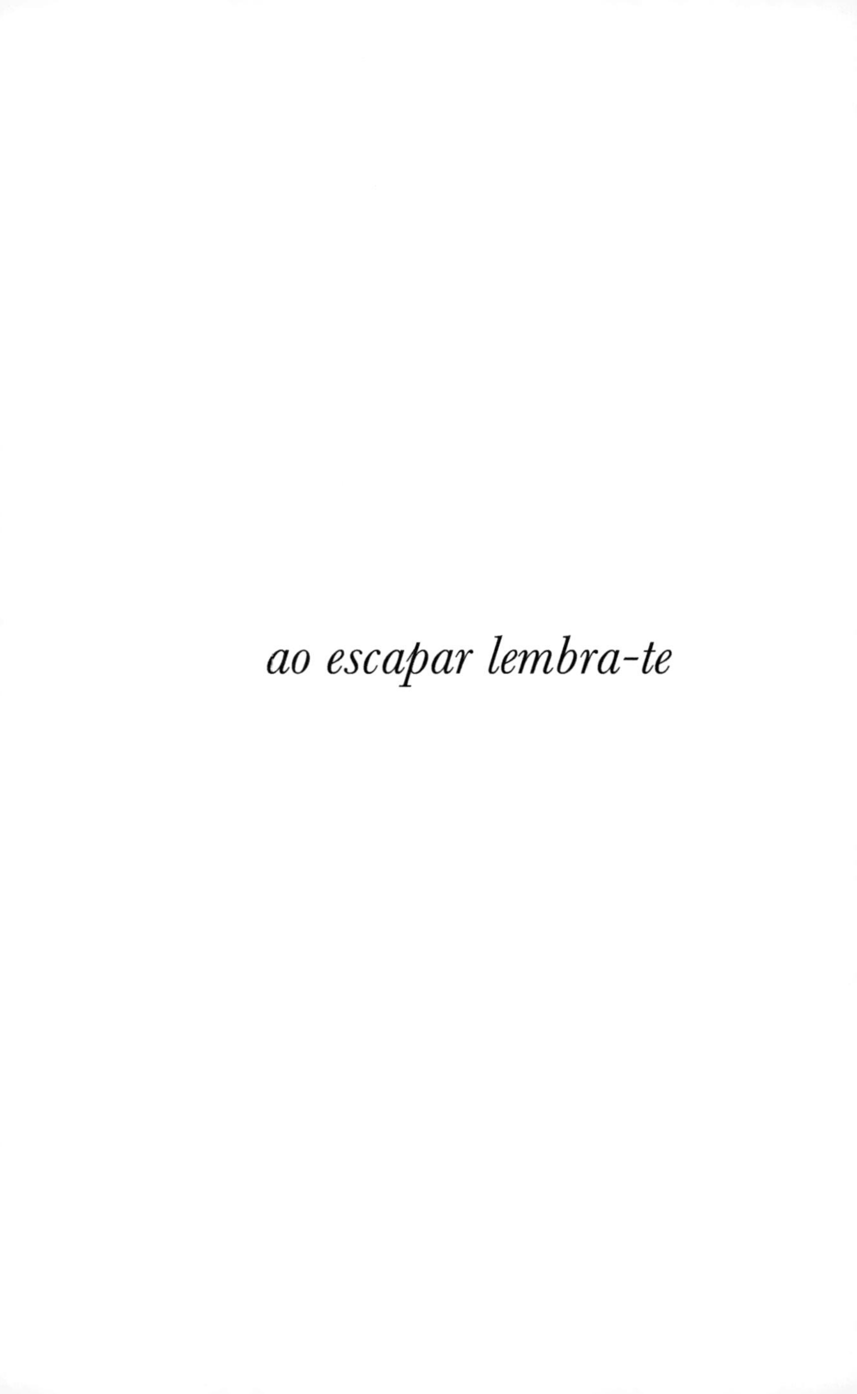
ao escapar lembra-te

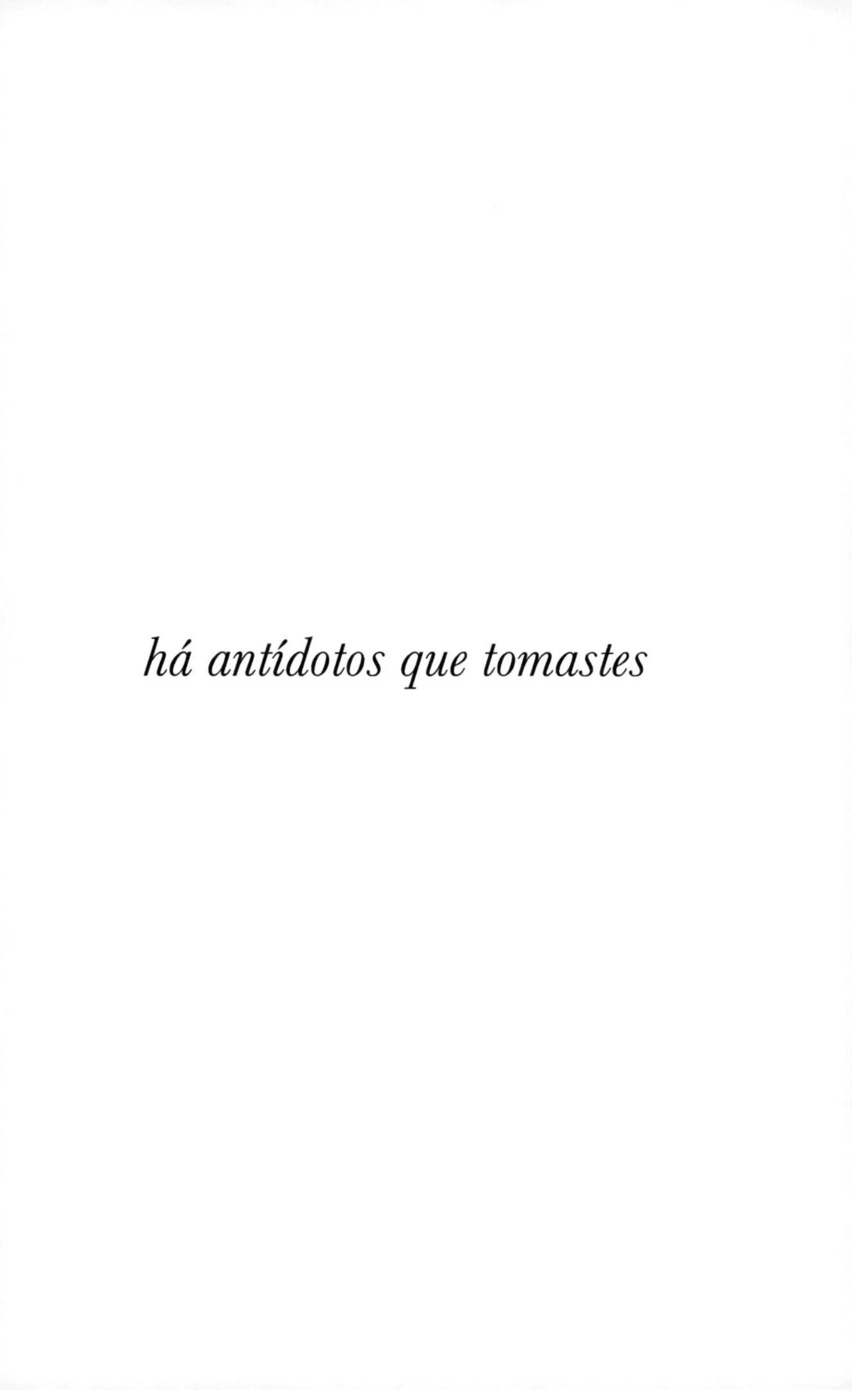

há antídotos que tomastes